돌확 속의 지구본

열린시학 기획시선 56

돌확 속의 지구본

이아영 시집

고요아침

■ 시인의 말

자크 루보의 말처럼
시는 추억 위로 던져진 빛이다
생전에 아버지께서 우물곁에
포도나무를 한 그루 심으셨다
우물 속엔 항상 그리움의 두레박이 있다
언제든지 줄만 끌어올리면 포도 한 알씩 담겨온다
포도 알을 정성껏 모아모아 건포도를 만들어
반찬 없이 먹을 수 있는 약밥을 지어보았다
지금 생각하면
어머니 말씀 한 마디 한 마디가
다 詩였다는 걸 이제야 알았다
약밥 한 그릇 고봉으로 담아
백수의 어머니께 바친다

2010년 7월 묘법당에서

호정 이아영

■ 추천사

시詩는 원래 성률聲律을 따르므로 국풍國風은 돈후敦厚하고
아성雅聲은 청명淸明하여
하늘 끝까지 그 맑고 깨끗한 향기가 메아리친다하였다.
그러므로 월명스님은
산화가散花歌로써 두 해를 없애고
제망매가祭亡妹歌로써 죽은 누이를 불렀다.
그런데 호정湖淨 이아영 여사는
층층대 앞에서 56억 7천만년 뒤의 미륵불을 뵙게 하고
떠내려가는 나뭇잎 속에서
선재동자의 선지식들을 친견케 한다.
아, 발자국 속에서 팔만대장경을 설하고
그림자 안에서 5음 6률이 울렁이니
툭 터진 입 안에 오디냄새가 물씬 난다.
5월의 맑은 호수 속에 활짝 핀 연꽃을 보는가.
나는 그 향기 속에 풍경소리를 함께 나누고져 하노라
처염상정處染常淨 화과동시花果同時,
항상 즐겁고 자유롭고 깨끗한 곳에
꽃과 열매가 동시에 이루어졌도다.

사단법인 한국불교금강선원 총재 **활안 한정섭**

■차례

제2부 오색 그물

제3부 눈부처

제4부 적묵당

제5부 천진동자

제1부
일원상

일원상一圓相

미륵보전 앞 층층대 밑에
돌거북, 선정禪定에 든 것 보았습니까?
찰나가 물처럼 흐르다 정지했습니다
산까치 한 마리 거북등에 앉아
한 소식 했는지
꿈짝 않고 나를 응시하고 있습니다
56억 7천만 년 뒤에 온다는 미륵불
용화세계龍華世界가 여기 있습니다.
난 그만, 계단을 한 발도 오르지 못한 채
산까치에게 꾸벅 절을 올렸습니다
순간, 골 깊은 서원誓願은 어디론가 사라지고
푸드득 산까치 숲으로 날아갔습니다
돌거북 입에서 조르륵 흐르는 감로수
조롱박이 촉촉히 젖어옵니다 내 부리를
귀먹고 눈멀어 날지 못하는 조그만 무소새無巢鳥
둥지 없는 허공에다 빗장 하나 걸어두고
앉은뱅이걸음으로
돌거북 주위를 한 바퀴 돌고 있습니다

어느 나뭇잎

강물 위에 떠 있는
나뭇잎 하나
금빛 은어로 파닥거린다
바위틈 비집고
입질하는 지느러미

저만치 바라보던
갈대꽃이 환한 웃음으로
화답을 한다

구도의 길을 나선
선재동자*인 양
성문聲聞 성문
귀를 열며 간다

하얀 밤을 지새우던
달도 따라 나선다

* 선재동자 : 화엄경의 입법계품에 나오는 구도보살의 이름.

돌밭에 갔다가

한탄강 물살을 차갑게 헤치고
돌밭을 걸으며 종일토록
허공虛空만 쳐다보다 공空을 쳤다
어느 화가의 '장미 가든'에
장미는 한 송이 없듯이
산수도 없고 호수도 없다
무무無無 주문을 외우다
색계色界에 걸린 나
붉은 노을 고개 숙인 구릉에서
소피보는 엉덩이를 훔쳐보는 놈
내 손그물에 걸렸다
돌아오는 길, 명석名石이라
이것이 공즉시색空卽是色입니까?
텅 빈 바랑 속에 작은 물개 한 마리
사지를 펄떡이며 그대 등줄기
피돌기가 한창이다, 꽃물이 든다

목젖에 걸린 설련화

내 몸 안의
맑은 물방울 하나가
구새* 먹은 속으로 스며든다

세상소리 닫아버린 어머니에게
막내딸 말 잘 들으면 또 오겠다고
차근차근 귀에 대고 일러주었다
잠깐 정신이 맑아졌는지
투정부리는 아이처럼 눈시울이 붉다

오늘 아침
난생 처음 구부정한 등 씻겨드린 걸
고맙다며 연거푸 중중거리신다

눈 속에서 피어나는 얼음새 꽃잎 같은
그 자태는 어디로 사라졌는지
야윈 어머니 무릎에 핑계를 앉혀놓고

돌아서는 발등 위로 고개 떨군 눈송이

입춘 문전 내 목젖에 걸린 설련화

* 구새 : 살아 있는 나무의 속이 썩어 구멍이 뚫리다.

무착사無着寺의 풍경소리

연꽃 만개한 중덕저수지에
쨍쨍한 8월의 하늘 내려앉는다.
연잎 닮은 낯선 비구 한 분
수만 평의 연꽃방죽을 거닐며
찰칵찰칵 화엄세계를 담는다

가까이 다가가 머리 숙여 합장하고
"스님, 어디서 오셨습니까?"
"무착사에서 왔습니다."
"그 도량道場이 어디 있습니까?"
"내 발 닿는 곳이지요."
"스님, 그럼 문수文殊를…?"
머뭇머뭇 내가 말끝을 흐리자,
"그래요, 소를 끌고 연못으로 가는 보살을 보았지요."

다섯 놈*이 한 마리 소를!

느티나무 그늘 평상에 앉아
빙긋이 웃고 있는 연꽃봉오릴 만지작거리며
긴 묵언에 든 중도中道라나, 정도正道 스님
무착사 풍경소리 나뭇가지에 매달려
뎅그렁뎅그렁 만리성을 흔든다.

* 五蘊 : 色, 受, 想, 行, 識.

영락원에 매달린 거미 두 마리

칠순 노부부의 임시 재산 목록
서너 평 남짓한 방
1인용 침대 하나
긴 의자 하나
조촐한 식탁 하나

8남매를 낳아 길러 짝지어놓고
그럭저럭 살만들 하다는데요
요양원을 어떻게 왔는지
왜 여기서 살고 있는지
도대체 모른다고 하네요

도시 재개발로 살던 집은 허물어지고
논밭은 자식들이 처분했다는데요
그때 할아버진 망연자실하였대요
몇 달은 뜸하던 자식들의 안부전화
1년 넘은 지금은 불통이래요

정신 멀쩡한 할머닌
열리지 않는 창문 쪽을 서성이네요
텅 빈 나뭇가지에 걸려있는 낡은 거미집
껍데기만 남은 두 마리 거미
멀거니 쳐다보고 있네요

양로원에 얹혀살아가는 거미 두 마리
피안彼岸의 문을 두드리고 있네요

한 잔의 거품

당신 앞에 놓인 한 잔의 거품은
숱한 밤 지새운 눈물의 흔적입니다
거품은 드시지 말고 나와 함께 그린
저 벽화의 얼룩진 덧칠을 말끔히 지웁시다
우리가 매일 보는 거울이 아니라
30년 뒤
우릴 보고 있는 아주 견고한 만다라 말입니다
한 잔의 거품에는 파라솔과
물고기, 꽃병, 조개, 연꽃과 법륜이 있습니다

간판들의 멋

'시집 못간 암탉'집에 가보아라
앞마당에 나이 먹은 한 그루 산벚나무
총총들이 매달린 터질 듯한 버찌들
검은 스커트에 하얀 깃 세운 매무새
발그레한 그 입술 그리움이 번져온다

'죽여주는 칼국수'집에 가보아라
빈대떡도 막걸리도
맛이란 맛은 다 죽여주고
운길산 산신령이 국숫발에 붓 세워
명사들의 사인 판에 한 획을 긋는다

'느티나무 갈비'집에 가보아라
턱 하니, 평화리 가부좌 튼 부처같이
방 한가운데 땅속에다 깊이 뿌리 뻗고
세상 인간들 축생화畜生化 되는 것을
허구한 날 화두 들고 명상에 잠겨있다

5월의 화답和答

봄비에 옷자락이 흠뻑 젖고 있네요
그대와 개울둑 산책길에서
파릇한 풀꽃과 찔레꽃 눈맞춤에
녹음 짙은 슬픔이 하르르 내려앉네요

우정도 깊으면 사랑이 된다잖아요
우리 뜨거운 정 서로 바라지 말고
엄동설한에 진눈깨비 내리듯이
어둔밤 하얀 먼지 씻어내며 살아요

성난 모래바람 아득한 사막에서 나 홀로
술 취한 코끼리를 만났으니
사는 것이 히치히치 할 수밖에요

오래 묵은 산빛을 거두어내려면
때론 봄비도 우박처럼 쏟아져야겠지요

오늘 아침, 동네 오패산을 오르니
솔빛 한층 더 푸르디푸르고
아카시아 꽃향기가 무애無碍춤을 추면서
홍진을 껴안고 천만리 줄행랑을 치네요

머지않아 새장속의 새 한 마리
활개 펴고 높이 날아오를 수 있겠지요

두리안*

나는 수많은 지압봉 같은 옷을 입고 있습니다. 태국에서 귀화歸化해 뿌리내리지 못하고 냉동고에 삽니다. 온몸에 솟아있는 침봉으로 외부인 접근 금지를 외쳐보지만 내 힘으로는 어쩔 수가 없습니다. 열대지방에서 자란 내가 냉동고에서 나오는 날이면 내 몸은 날선 칼춤에 우윳빛 속살을 드러내고 36.5도의 동굴 속으로 빨려 들어갑니다. 어떤 이는 내 체취를 아이스크림 같다하고 어떤 이는 구린내 난다고 동굴 입구에서 거절당하기도 합니다. 그래도 나를 통과시킨 그대는 신비로운 동굴탐험을 끝낸 내가 누구인지 내 사람이겠지요.

아무에게나 속내를 보이지 않는 고슴도치

* 두리안(Durian) : 도코리오나무의 열매. 동남아시아 열대 과일.

참문參問

어떤 부부가 숭산崇山 선사禪師 앞에서
참문을 했다
숭산 선사 : '산은 푸르고 물은 흘러간다'
이것이 무엇인가
부부는 아무 대꾸를 못하고
구슬땀만 흘리고 나왔다
한 달 뒤, 숭산 선사 : '벽은 희고 방바닥은 노랗다'
이것이 무엇인가
부부는 함께 손으로 바닥을 '탁'쳤다
또다시 한 달 뒤
숭산 선사 : '개와 고양이'
남편은 '멍멍'
아내는 '야옹 야옹'
숭산 선사 : 조그만 종을 울렸다

신발을 머리에 얹고

절집의 행사가 끝나고
대중공양 자리에서
어느 출판사 사장이 불교서적을
많이 출간하시는 큰스님과 마주앉았다

—큰스님을 항상 존경합니다
큰스님 옆에 앉아있던
교수님 왈
—사장님, 그럼 큰스님 신발을
머리에 얹고 공양하십시오
큰스님 왈
—그 남전 선사 말씀입니까?
—네 그렇습니다
큰스님은 빙그레 웃으셨다
출판사 사장님이
조주 스님도 아닌데
왜 신발을 머리에 얹고 벌을 서야하는가

2500년 전 영산회상靈山會上에서 부처님과 가섭존자의
이심전심以心傳心이 아니었던가.

경판 한 장 머리에 이다

옥상 추녀 쪽으로
나뭇가지 하나가 늘어져있다
누가 먼저 시비를 걸었는지
고양이 한 마리를 가운데 두고
까치 한 쌍이 괴음을 지른다
이 가지 저 가지를 날아오르며
야단법석이 벌어졌다

가지 끝에 매달린 붉은 홍시 하나는
까치밥도 아니고 고양이밥도 아니다
까악까악 까르륵 사나운 소리에
옴짝달싹 못하고 침묵하는 고양이
촉수를 감추고 삼매에 들었다

이때 만일 남전 선사가 있었더라면
저 감나무 목이 달아났을 것이다

욕망을 벗은 하얀 옷들이
바람에 펄럭이며 니르바나로 가듯이
까치 두 마리 둥지 찾아 날아가고
내 머리 위엔 경판 한 장, 홍시처럼 얹혀있다

옥비녀꽃

이른 아침 오패산을 오르는 것은
오직 당신 때문만이 아닙니다
산등성에 갈무리된 돌탑을 지나
율곡꽃길이 있기 때문이지만요
산비둘기 꾸우꾹 꾸우꾹
그 구슬픈 소리 때문만이 아닙니다
암 투병 사진작가의 혼신이 담긴
꽃샘길에 들어서면
쐬아쐬아 개울물소리 날 부릅니다
부용화, 금잔화, 천일홍, 유홍초, 분꽃
족두리꽃, 범부채, 금계국, 빙화, 기생초
셀 수 없는 8월의 초화草花 가운데
말갛게 반쯤 웃고 있는 옥잠화
당신의 매무새 때문입니다
다소곳이 백학白鶴의 긴 목덜미에
가지런히 옥비녀 쪽진머리
풍양 조씨 풍월風月* 선비의 막내 따님

당신의 행주치마 내음새 때문입니다

어머니

* 風月 : 외할아버지의 아호.

돌확 속의 지구본

수천 년의 풍화작용으로 생긴 동글동글한 몸 돌확 밑바닥에 공이 부딪치는 소리 멎은 지 까마득하다

조붓한 골목길 들어서면 오래된 집 한 채가 있다 자식들은 대처로 나가 살고 할머니 홀로 감꽃 떨어진 뜨락에서 줄무늬 고양이와 외롭지 않게 아롱아롱 지낸다. 올여름 텃밭에는 열무 상치 아욱들이 까르르 재잘대며 키 재기를 한다. 전화벨소리에 고양이가 먼저 수화기 줄을 끌어당긴다. 화투에는 도통 취미가 없는 할머닌 아까부터 주섬주섬 바쁘다

서쪽으로 해 그림자 따라 서래암 가는 길은 멀지 않다 산문을 들어서면 배 불룩하게 내밀고 큰 자루 멘 포대화상이 할머니의 첫 참배 대상이다 움푹 들어간 배꼽에 양쪽 엄지 손가락을 넣고 두 손바닥으로 좌우를 쓰다듬는다. 무엇을 바라고 비는 것인지 알아듣지 못하는 주문을 중얼거린다.

오늘 그녀, 돌확 속에 잠긴 지구본을 건져 올린다. 미동도 하지 않고 세상 밖으로 나온 수석壽石 하나

제2부
오색 그물

불성佛性

나 어릴 적
닭의장 앞에 서서
두 손 모아 빌어본 적 있다

추운 겨울 그믐밤
어머니가 옆에서
"닭이 밤똥 누지, 사람이 밤똥 누냐?"
부처님께 참회라도 하듯이
고개를 조아리며 간절하게 빌었다

하늘에 별 하나
우리 모녈 내려보고
반짝 웃었다

작은 기쁨

봄볕 여리게 내려앉은 4월의 뜰
목련꽃 질 때마다
그대의 노래 한 소절
너도 꽃이냐며 마당을 쓸고 있다

앞집 라일락 향기 담장을 넘어오고
어디선가 솔새 한 쌍
장독 위를 날아오른다

그래그래, 비켜 줄게 안으로 들어와
화분에 놓인 호수석湖水石에 앉아
물 한 모금 먹고
포르르 포르르 번뇌를 씻어봐

나뭇가지 위에 올라 고맙다며
또다시 목청 한 가락 뽑고 있다

며칠째 찾아와서 목욕하고 노래하는
두 마리 예쁜 새
좁쌀 한 줌 슬며시 보시布施해주면
피아노 건반을 두드리듯 낱낱이 줍고 있다

수종사에서

안개비 내리는 삼정원三鼎揮 다실에는
석간수가 보글보글 끓어올라와
오랜 어질증이 기지개를 멈춘다

찻잔 속의 내 얼굴이 스멀거릴 때
문득 초의 선사가 나타났다
끽다거喫茶去* 한 마디 활구活句에
산 아래 두물머리강에 빠진 종소리가
광속보다 빠르게 종각 안으로 들어간다

뒤란 한쪽 샐쭉하니 앉아있던 달개비꽃
사뿐히 걸어와 차 한 잔 나누자고 한다

하안거에 든 스님들 죽비소리 고요하니
선정에 들었다 포행布行할 시간이라
나도 이제 일어서야겠다

불이문不二門을 나올 때는 무지개 뜨고
가슴 깊은 곳, 선禪나무 한 그루 심고 온다

* 원래 끽다거(喫茶去)는 唐代 祖州禪師의 公案임. '차나 마시게' 란 뜻임.

스크랩을 하면서

사시장철 나무필통 옆에 서서
마음을 비우고 오장까지 비워지기를 바란다
분통이 터져서 견딜 수가 없는지
심장이 두근두근 곡예를 해야 한다
간이 조금씩 떨어져 나올 때도 있다
쓸개까지 버려야만 근심이 줄어들까
머릿속에 있는 것 조금씩 비울 때마다
연두색 모자를 벗어야만 한다
물구나무서서 어슥어슥 걷다가
지치면 발을 질질 끌다 똑바로 선다
그가 지나간 큰 길이든 작은 길이든
무엇이나 달라붙어 영원히 자리 잡고 산다
그를 볼 때마다 내가 지나간 자리에
누군가가 오래도록 바래지 않는 추억처럼
박제가 된 적이 있는가를 살펴 볼 일이다

그는 항상 직사광선을 피해달라고 한다

직사광선을 피하세요

'조은풀'

오색 그물

바다의 그물은
물고기에 걸리고

하늘에 그물은
한 조각의 구름에 걸린다

숲속의 그물은
작은 새들에게 걸린다

나는 하이얀 바람이고 싶어라
오색 그물에도 걸리지 않는……

나비난초

파릇한 열두 폭 치맛자락 펴고 서있네
흔들리는 가느다란 절벽 끄트머리
담홍자색 나비 홀연히 앉아 있네

양쪽날개 등 위로 곧추세우고
날고 싶어도 날아오르지 못해
아으, 한 마디 소리 내지 못하네

어디선가 느닷없이 달려온 벌의 웅얼거림
난 모르는 척, 그날의 신호를 엿보며
좇기는 그리움처럼 멈추고 말았네

꽃대궁 이음 틈새 촉촉한 마디마디
붙박이 된 나비의 여린 날갯죽지에
붉으락푸르락 방점傍點을 찍어대네

내 무덤 앞에 와서

내 무덤 앞에 와서
밥 달라고 하세요
귀는 뚫려서 다소곳이 일어나
당신 앞에 두 손으로 밥상을 바치리다
내 무덤 앞에 와서
술국 한 그릇 달라고 하세요
손은 신바람나게 합장하고 일어나
북어 한 마리 죽어라 방망이로 때리어
열 손가락처럼 갈기갈기 찢어서
대파 숭숭 썰어 넣고, 마늘 찧어서 넣고
구수한 해장국을 끓여 바치리다
내 무덤 앞에 와서
그래도 속이 안 풀린다고 하세요
휘청이는 다릴 끌고 북부시장에 가서
2천 원짜리 식혜 한 사발 사다 바치리다
이젠 내 무덤 앞에 와서
아무 말 하지 마세요

여태껏 닫힌 입술 여의주 나오려나
먹지도 못하고 말하지도 못한 죄
조용히 내 봉분 안에서
눈감고 귀막고 콧구멍까지 막혔으니
당신이 할 수 있는 일은
문 없는 문에 열쇠 없는
자물통을 채우는 일 뿐이오리다

어떤 주검의 도장道葬

7백 살 된 은행나무 밑에서
낙엽더미에 묻혀 다람쥐가 찾지 못한
은행 알들을 두어 주먹 남짓 주웠다
"그걸 가져다 뭘 하게요"
목 아픈데 좋고, 어디에 좋다면서,
아니나 다를까, 돌아오는 길
가로수 밑에서 한 노파가
은행알 줍고 있는 것을 보더니
몽땅 주는 한올진 도반의 심성이 곱다
한참 걸어오다, 오던 길을 몇 걸음 되돌아가
땅바닥을 유심히 살피더니
죽은 쥐새끼인줄 알았다며 안도의 눈빛 선연하다
"하하하 뭐 그걸 가지고…"
"그러니까, 글을 쓰지요"
요즘 보기 드문 쥐새끼가 왜 길에 죽어있겠어요
누가 오징어 몸뚱이만 먹고 다리는 내버린 거죠
암, 부처님도 길에서 나고, 길에서 가셨지만

풍장風葬도 수장水葬도 화장火葬도 아닌
저런 장례식을 치렀다니
아마 들 고양이에게 마지막 공양 올리는
도장道葬으로 해버렸나 봐요.

오디

툭, 입안에서
단 꿀처럼 그대 목소리 들었다
사랑이었다가
우정이었다가
그것도 아니면
지금 당신 단잠에서 엿볼지 모르는
오! 나의 내밀한 숨김이여
쓱 문질러 닦아도 지워지지 않는
오디물
보랏빛 그리움 물든 그 입술

상락향에 수국꽃 피고 지는 날
— 구명시식*

삼대조상 영가를 줄줄 외는 그녀
육법공양 영단 앞에 큰절 올린다

범패가 사방으로 퍼져나가자
나비춤, 바라춤 한창이나
해우소 앞 만개한 수국꽃은
하마 낙화를 준비한다

영가여, 바라옵건대
집착의 수틀을 벗어나소서
저— 꺼질 듯 말 듯한
촛불 하나
무명無明을 밝히소서

이름 모를 병마에 시달리는 몸
스님의 염불 삼매에 귀 열게 하소서

* 구명시식(九命施食) : 병든 사람을 위하여 영가에게 음식을 보시하고 법문을 일러주는 의식.

마음

무등산 '원효사'를 참배하고
돌아오는 길
울퉁불퉁 고통의 그물
찢어버리고

평안을 찾아 소가 끄는 달구지에
몸을 실어본다

꽃피는 소리, 잎 지는 소리
세월의 고개를 넘으면서
마음의 뜰에
이제는 새가 와서 노래한다

스산한 바람이 일고
하얀 갈대가 수런수런 수런대며
내 소매 끝을 잡는다

눈은 속눈썹을 볼 수 없듯이
내 마음을 나는 알 수도 없고
볼 수도 없다

새가 우는지, 노래하는지……

무공적無孔笛

구멍 없는 피리에서 소리가 난다
벽을 뚫고 수평으로 앉아 바다를 본다
푸른 바다는 붉은 파도소리를 낸다
파도 타고 밀려오는 봄의 전령사
동백꽃 피고 지고 설중매 눈뜨는
소리 못 내는 구멍마다
한 송이 두 송이 꽃들이 핀다

여백의 노래

밤새도록 취기와 악다구니 하였다네

바위섬 몇 개 지나

외도外島에 갔다네

후박나무 잎사귀에 귀가 너무 많아

후드득 떨어지는 빗방울소리에 놀라

외도外道는 못 가고

장대비만 흠뻑 젖고 왔다네

발자국 하나

내딛는 발자국 하나는
뒤에 떼어놓은 발자국을
아쉬워하지 않는다

왜! 기쁠 땐 눈물 맛이 싱겁고
슬플 땐 눈물 맛이 짜다고 하나요?

길 건너 빌딩 7층에 사는 그녀는
물방울무늬 드레스를 즐겨 입는다
간혹 단맛 눈물을 흘린다고 한다

오미五味의 눈물샘을 가진
물방울 여인
퍼 올릴 수 있는 눈물방울
드레스에 가득 담고

오늘도 뒷발짝이 없어지는
한 발짝을 내딛는다
발자국 하나를 찾아간다
눈물샘이 마를 때까지

구묘지향丘墓之鄕

지난밤 꿈에 아버지는
소를 몰고 들에 다녀오시더군요

평소 이 핑계 저 핑계로 자주 못 뵙고
오늘에야 당신 곁에 머리 조아립니다

늘 당신께선 막걸리를 좋아하셔서
주전자를 들고 다니던 맏딸입니다

아버지, 아버지 머리맡에 할미꽃
다섯 송이가 지키고 있습니다

어머니 소식이 궁금하시죠?
아버지 떠나시고 일 여년, 밖을 모르시다
요즘은 동네 노인회관에서 미수米壽 연세에
총무다 회장이다 마다않고
당신 몫까지 살고 계십니다

염려하지마시고 편안하시길 빕니다

아까부터 논두렁이 따라와 재촉합니다
신발 등에 묻어온 이슬도 갔습니다
또 오겠습니다 아버지 안녕히 계십시오

제3부

눈부처

그루터기

세월의 무게 감당하지 못해
주저앉은 감나무
그루터기로 남아
꽃밭 한구석을 지키고 있다

치자빛깔 별꽃에 날아든
부전나비 한 쌍
꽃술에 살포시 숨었나! 찾았나?
연신 숨바꼭질 한다

이슬, 구름, 노을이
머물던 자리
무심한 바람이
송골송골 땀 훔치며 지나간다

눈부처

곁이 눈동자 속에
별이 뜬다
달이 뜬다

곁이 눈동자 속에
매화가 핀다
연꽃이 핀다

곁이 눈동자 속에
산도 있고
바다가 있다

곁이 눈동자 속에
황금송이 자란다
노송이 호탕하게 웃는다

곁이 눈동자 속에

아침 해가

솟아오른다

詩에게 부침

꿈길에서 그대가 찾아왔다
가지런히 놓인 원고지에
'풀잎에 이슬'이란 글귀가
또렷하게 씌어져 있었다

한 행 띄우고 아라비아숫자로

'99 99'
'88 88'

도대체 이게 무슨 뜻이란 말인가
아무리 정이 없다 하더라도 말이다
그대의 불씨에 풀무질하다가
매캐한 연기에 질식을 하겠다

감기는 눈을 비비대봐도
손가락도 모른다하고

양 귀는 금시초문이라고 하니
그럼 입한테라도 물어볼까한다
너도 모른다고!
아하, 오뚝한 코에게 여쭤보니까
바람의 향기로 찾아왔대요
그대가

천강千江의 달빛

밥솥 지름이 줄어들 때
늘어나는 것이 있어
어찌나

당신 나이가 늘어나고
내 키는 줄어드니
어찌나

기실, 반지름이 커지면
커지는 것이 있으니
어찌나

내 마음의 반지름이
컴퍼스 축에 점을 찍은 채
한 바퀴 휘익 돌리면
어찌나

천강의 달빛이

천 개로 비집고 누우니

이걸! 어찌나

딸 생각

초여름 오패산은 진초록 물결 일렁이네
이른 아침 약수터를 내려오면서
갈색 산토끼 한 마리
동그란 눈을 뜨고 사각사각
풀을 뜯고 있었네
쫑긋이 세운 너의 귀를 보니
자꾸만 내 귓바퀴가 가렵네
불현듯 서른 넘어 유학 간 딸아이가
가려움증이 도진 것은 아닌지
어눌한 손가락으로 메일을 뒤졌네
어제는 뉴욕의 어느 절에 갔더니
주지스님이 화계사의 비구니 스님이었다며
꿈같은 하루를 보냈다고 하였네
오늘 따라 딸애가 곁에 있는 것 같은데도
달포 전에 보내온 레스포색 가방을
어깨에 걸치고 너의 곁으로 자꾸만 가고 싶구나

간밤에 무슨 일이

어느 백화점을 쇼핑하다
바닥에 떨어진 다이아반지를 하나 주웠다
오른손바닥에 올려놓고 보니까
내 왼손 넷째 손가락에
결혼반지가 끼워져 있었다
한 손으로 꼭 쥐고 누가 볼까봐
걸어가고 있는데
뒤따라온 얌전한 처녀가
자기의 것이라며 달라고 한다
아무 말 없이 그 반지를 보여줬더니
자기 것이 아니라며 되돌아갔다
내 반지와 비교해 보니까
모양이며 무늬가 똑 같았다
그 반지를 오른손에 꼭 쥐고
손톱 여물을 썰며 한없이 걸어가는데
느닷없이 엄지머리총각 둘이서 나타나
손가마를 태워주는 이런
해괴망측한 일이 일어났던 것이다

가을 엽서

한 해의 가을 끝자락
하루 중 오후 6시

부석사에서 내려오는 길섶
사과 과수원
알알이 붉게 탱글탱글 여문다

가로수 은행잎 금실엽서는
지상의 살아있는 모든 것들에 닿는다

산 그림자 어둠 속에 엎드리는 시간
눈꼬리 주름마다 찾아드는
저 타오르는 붉은 물결

배경 따라 달라지는 부처의 미소
내 목울대의
삼도천三途川이 지워지는 화엄의 엽서

평화리 1

어릴 적 눈보라 몹시 치던 날
할머니의 자리끼가 얼었다 녹을 때
물의 볼이 떨고 있는 것을 보았지

우물곁 텃밭 한켠 무리지어 있던 둥굴레
이파린 보이지 않고 잔뿌리 잠재우는
함박눈만 수북이 쌓여 있었지

머언 곳에서 온다던 사람 소식 끊긴
밤차소리 들리지 않는데
눈꽃 핀 사철나무가지 사이 빨간 열매
얼굴 붉히며 투덜투덜 투정 부렸지

평화리 2

수유리 4.19탑 공원
기념수 두세 그루
영양제 주사기를 꽂고 있었지

꽃단장한 단풍잎이
새침한 표정으로
부러워하고 있었지

산다는 것은 모두 놓아버리고
너와 나
아득한 길 함께 걸어가는 것이지

평화리 3

프리다 칼로*가 천장에 거울 붙여놓았지
자기의 몸과 영혼을 그린 것이
태평양 푸른 바다의 몸부림이었지

디에고 리베라*의 회오리바람은
못 말리는 큰 파도의 포물선이었지

아버지가 지어준 이름 '프리다'는 평화인데
진정 프리다는 지상에서 지옥 삶을 살았지
그러나 죽은 후엔 영원한 천국이었지

우주의 떨고 있는 모든 것들이

* 프리다 칼로(1907~1954) : 20세기의 멕시코 여류 화가.

* 디에고 리베라(1886~1957) : 멕시코 벽화운동의 기수. 마야와 아스텍 신화. 프리다 칼로의 남편.

달맞이꽃

싱그러운 바람 머무는
내 유년幼年의 강 두렁에
밝은 대낮이 나는 싫어 싫어
달 속에서 피어난 꽃
어둠과 밝음 사이사이마다
절로 절로 오색꽃등 길이 환하다

목울대가 아파오면 머리를 슬래슬래
못다 그린 우리 오빠 그림 속에서
초승달이 애면글면 애써 자란 달꽃이여

한 줄기 바람 부는 푸르른 언덕을 향해
여태껏 장가 못간 우리 오빠는
밤이슬 젖은 꽃신 한 켤레 데불고
애동애동 걸어오는 그녀에게로
서둘러 맨발로 님 마중 나가신다

쟁기질하는 설녀雪女

그렇게도 오기가 힘듭니까
어느 때는 시도 때도 없이
마른 번개 치더니
먹구름 조금 거둬갑니다

어떤 때는 따스한 훈기로
내 목덜미 살포시 감싸줍니다

어느 날은 물과 바람으로 찾아오다가
입춘 지나서야 소복한
설녀로 다가옵니다

오늘은 보랏빛 제비꽃으로
내 마음의 오랜 묵정밭에
다소곳이 찾아와 쟁기질합니다

벽화

— 신탄리역

12월
바람이 달려가는 금강산 길목
휴전선, 그루터기에 앉아 있다

역사 안 뜰에는 돌탑이 즐비하고
날아가던 철새가
나래 접고 합장을 한다

철마는 달리고 싶다

아우성치지만 기적소리 멎은 고대산
드넓은 품으로 반세기를 넘겼다
하나가 되기를 고대하면서

오늘도 철도중단점 신탄리역은
북녘하늘 노을이
무채색 벽화로 남는다

이 뭣고

바다와 육지 사이에
보이지 않는 선線이 있다

달이 가고 해가 바뀌면서
눈썹과 눈썹 사이

눈 감으면 보이는 이랑 틈새에
철없는 불혹의 점點이 있다

구멍 막힌 피리같은 그 점에
맑고 투명한 明 字 한자 새겨 넣자

알고 모르게, 모르고 알게
내 가슴에 적멸寂滅의 강 흘러와

언젠가는 묵정밭 쟁기질하면
홀연히 돌연꽃 피고 지겠지

지리산행

민박집을 밀어낸 어둑 걸음
한 발자국 한 발자국
산중턱 칼바위도 밀어낸다

참배해야 할
법계사를 지척에 두고
등기대도 괜찮을 바위가
멍석을 편다

저 멀리 남해의 바다에
태양이 솟아올라
하늘과 바다는 합궁을 한다

내 옆에 서있는
사스레피나무
할머니의 우물에
두레박을 내린다

문득 티티새 한 마리
동행을 재촉한다
목탁목탁 하면서
나에게 눈을 뜨라 한다

제4부
적묵당

적묵당寂默堂

허공을 가쁘게 키질하는
바람 한 자락
가을을 부여잡고
잠시 적묵당에 들렀다

호젓한 연못엔 연꽃 한 송이
정갈하게 옷깃 여미고
물레방아는 쉴 새 없이
백팔 번뇌를 씻어준다

법당에서 흘러나오는
보살들의 염불소리
전생前生 신호등의 불빛인가
깨달음으로 가는 침묵인가

호접란 꽃잎이 독경을 한다
연꽃처럼 살아라
연꽃처럼 죽어라

세상 밖의 날개

십자매 한 쌍 번갈아 목욕하는 게 귀엽다

새장 사각문을 열고 물을 갈아주다가
용수철 튀듯이 밖으로 나온 새 한 마리
마당으로 꽃밭으로 나뭇가지 사이로
한참동안 나와 숨바꼭질하다가
높다란 담을 훌쩍 넘어 날아올랐다

새장에서 나온 새는
멀리 날지 못한다지만
날 테면 날아라
하늘 높이 날아올라라

칠월칠석날 견우와 직녀
은하강 다리도 놓아주리라
세상 밖 나래를 맘껏 펴다가
내년 봄 다시 찾아오면

깃털 하나 빠진 새
넌 줄 알고 반겨줄게

길

이른 새벽이슬, 별빛, 꽃빛
머금은 풀섶길

간밤의 정적을 밀어내며
도란도란 계곡물 흐르는 소리

저만큼 앞서가고 있는 시간
내 가슴속
강으로도 가고 있을까

도솔천에서 푸드득 날아온
관음새 한 마리

귓전에 속삭인다
산에서 길을
묻지 말라고

맨드라미

맨드라미 씨앗 하나
어디에 심을까
앞뜰에다 심을까
공원에다 심을까

아니다
따뜻한 가슴 한편
공터에 심었더니

오랜 어둠을 뚫고
새벽을 우는
닭 볏이 피어났다

뗄 수 없는 변기

성모 병원 528호실
엄마의 방, 중환자실
마실 다녀오시다 평지에서
한 쪽으로 기우뚱하신 게
대퇴부 골절이라니

구순의 수술, 열흘째
엄마의 변기가 낯설지 않다
시어머님의 중풍 수발에 연이어
파란색 플라스틱 변기가
자꾸만 내 손을 잡는다.

긴 날을 간병할 수 없어
돌아온 날부터
바람으로 꽂히는 뇌리의 화살
'길은 하난데, 너무 오래 살아서…'
흐려지는 엄마의 말씀

봄비 부슬부슬 내리는 오늘
지금도 링거 주사기를 꽂은
엄마의 멍든 손등이
늦은 저녁 설거지에 거추장스럽다

새벽 기도

바람은 살며시
풍경소리 만들고
계곡의 물소리 법당에 닿는다

먼발치 목탁 내리는
스님의 손길
보살들의 염불소리
향내음으로 번진다

범종소리 긴 여운
28천이 열린다

하이얀 몸을 태우며
법신 품으로 선경에 드는 그대
연꽃 향으로 고요함 흐른다

참회의 눈물 한줄기
빛이 되어 무명을 뚫으니

도량도 마음도
환하게 밝아온다

염불 삼매

감나무 꼭대기에 매미 울음소리
염불 삼매에 들었나 보다

담 너머 옆집 키 큰 나무에서도
덩달아 온통 염천 한낮을 집어 삼킨다

땅 속에서 그 오랜 속울음의 되새김질
작열하는 태양처럼 내리쏘는 염불소리
어느 누가 그 소릴 귀 막고 듣겠는가

전생의 무슨 큰 업을 지었기에
저토록 참회의 염불 삼매에 들었나

새벽부터 올리는 기도 자정이 넘도록
매음 매음 매음맴 매으으맴

연인이란

하늘공원 둘이서
291계단 지그재그 걸어올라
억새 꽃물결 보러가는 일
조롱박이 대롱대롱 매달린
그 터널 걷는 일
솟대 위의 기러기 나래 펴고
무지개꿈 꾸는 일
바람개비 쉴 새 없이 돌아가는 일
곱게 물든 단풍 잡고
낮게 뜬 비행기 함께 쳐다보는 일
갈대와 억새를 확실하게 구별하는 일
한강 내려 보고 볼멘소리 내뱉는 일
강변 둘러보며 찰칵찰칵 추억 담는 일

억새꽃

무리지어 한 뿌리 깊숙이 내려도
바람 불면 이리저리 허리 굽혀
슬피 우는 꽃이 있다
여태껏 만개하기엔 멀었는지
시월상달 덜 핀 꽃대 눈물 마른다
쏴아 쏴르르 쏴아
몸을 함께 비비대며
서로의 고독을 달랜다
저기 저 솟대 위의 기러기처럼
서녘 하늘 바라보며
휘어진 빗살무늬 몸짓을 날리고 있다

수련

갈대숲 넓은 늪 뒤에 두고
돌절구 연못 속에
피어난 붉은 꽃송이

지난밤 은빛물결
별과 달님에 잠기어있던

아무도 보는 이 없는
뜨락 뒷켠

멀리서 바람으로
달려오는 민머리소년

수련은 꽃잎술을
애처롭게 흔들고 있다

그럴 수밖에 없지

명색이 시詩 나부랭이를 줍는다면서
요즘 이게 될 말인가
우리 집 담벼락 60센티미터 거리에
방음벽을 높다랗게 세우고
'두산 위브' 20층 신축 아파트를 짓는데
포클레인 소음과 진동에
정신이 혼미해져
죄 없는 젊은 과장이다 대리에게
사나흘이 멀다하고
전화질을 해댄다.
어디 이게 시詩의 구슬을 꿸 수 있는가
올 여름 잦은 장마에
지하 보일러실에 물이 고여
매일 서너 양동이 물을 퍼내야하니
그럴 수밖에 없지

꿈 길

아침 안개 자욱한
인적 드문 돌탑 쌓은 간이역에
강촌으로 가는 기차가 온다

시간이 축을 세우고 있을 때
열차는 도착하고
한적한 자리를
봄꿈이 먼저 차지하고 있다

기적소리 여운에 취해
강가 지나 좁다란 길
외딴 토담집에 들어가 보니
문간에 등불 하나 걸려있다

미스터 페오*에서

감자꽃 바람 불어
춘천땅 밟은 날
한 발 뒤늦어
자주꽃, 하얀꽃 다 지고
호반의 '미스터 페오' 카페에서
잔디밭 테라스에 풀썩 주저앉아
메마른 목을 차 한 잔으로 적신다

통유리 밖 참쑥향기 맡으며
'어느 소녀에게 바치는 노래'가 흘러나와
학창시절 기억이 잔잔한 물결로 인다

강 저편 신매대교가 길게 뻗고
한 여인 홀로 다리를 건너고 있다
고슴도치섬으로 누굴 찾아가는지
목에 두른 꽃무늬 머플러가
내 목덜미를 감아온다

아니다, 내 발목을 잡아끌고 간다

어쩌자고 자꾸만 자꾸만
붉은 융단을 깔아놓고
서슬 푸른 떼바람이 내 볼을 치는가

* 스위스의 철학자 '칼 융'의 저서에서 따온 말. '나의 친구' 또는 '위대한 사람'이라는 뜻.

꽃 발 게

모래톱을 지우며 물속으로 들어간다
늦은 가을 싸늘히 적막한데
뒤따라온 이 누구인가
집게발 흔들고 있는
농게 한 마리
나 여기
펄

어느 봄날에

산비둘기 한 마리
꽃샘바람 나무라듯
구우국 구우국 울며 날아간다

글을 쓰다 쉬는 남편은
조그만 나무새를 만들고 있다

기러기, 청둥오리, 갈매기, 원앙새

곁에서 구경하다 선잠 든 나는
날개도 없이 허공을 훨훨 날았다

솟대 위의 새보다 내가 먼저
아지랑이 속에서 꽃을 피웠다

제5부

천진동자

말하는 숲

— 화가 이승훈의 수채화를 보고

연리지連理枝 그늘 아래 빈 의자
어느 누군가 머물다 떠난 자리
금실 좋은 숲 속의 곤줄박이 한 쌍
날이면 날마다 찾아와 놀던 자리
수컷인지 암컷인지 한 쪽 날개 떨어지고
오래오래 실어중 앓다가
다시 못 올 먼 길 떠난 빈자리
동그마니 남은 빈 의자 하나

한결

— 아빠 엄마 되던 날

한결
엄마 배 안 아파?
—괜찮아

한결
아빠 가슴 안 아파?
—괜찮아

한결
아빠 엄마
보고파
세상에 나왔어

* 2008. 5. 26. 한결이 태어남.

* 2008. 5. 27. 모네 산부인과에 다녀와서 한결 태어난 지 22시간 만에.

천진동자

한결이
손
고사리 손

한결이
발
천진동자 발

한결이
눈
샛별

아서, 아서
건드리지
마세요

* 2008. 5. 31. 퇴원 후 집에 다녀와서.

며늘아기에게

아가 며늘아가 올봄에 내가 보내준 생강나무꽃차 다 먹었니? 그건 봄비 촉촉이 온 뒤 햇빛 좋은 날 몽실몽실 피어난 꽃이란다 엊그제 해거름 마당바위 근처에서 며느리밑씻개를 보며 너를 생각했다 가시가 송송 난 들풀로 밑을 씻으라고 옛날에는 며느리가 그렇게 미웠나보구나 한결 에미야 초롱초롱한 눈을 가진 아길 내 품에 안겨줘서 정말 고맙다 작년 이맘때 이 세상 문 열고 나온 지 2개월 만에 본가 할아버지 서재에서 공부하는 기를 받으라며 고개도 가누질 못하는 애를 사진 찍느라 분주했었지 며칠 전 애비가 보낸 이메일 파일에는 한결이가 한쪽 팔을 떼고 시소를 타는 걸 보고 깜짝 놀랐단다 그래 하루하루 달라지는 나의 손자야 내 늙는 것 모르고 하루 속히 훌륭하게 자라서 대한의 아들로서 큰 별이 되길 간절히 바란다

산행

지리산 중턱에서 남해를 내려 보면
활활 타오르는 풍경들이 바다에 빠진다
항하사 모래알 같은 물고기들이
저마다 펄떡이며 솟구치는 걸 볼 수 있지

입을 귀에 걸어 봐
눈꺼풀이 덮이고 말문이 막히고
양 귀는 부처 귀를 닮았지

들어주소서! 중생의 소원을
꽉 다문 입술 앙가슴에 품고
두 개의 입꼬리를 양 귀에 걸어 봐

천왕봉 낙엽 타는 소리가
풀꽃 향기를 품고
나를 찾아오겠지
입을 귀에 걸어 봐

하늘지기에서

천릿길이 멀다않고 달려왔어요.
마음속 그리던 어머니의 품 달빛지기
당신이 늘 하시던 말씀
남매 잘 키워놔봐라 괜찮다 괜찮다하시던
그 아들과 당신 곁에 왔습니다.
딸을 딸이라고 부르지도 못하고
결혼해서 아기를 둔 딸의 아들도 몰라보시고
평생토록 안 입으시던 바지를 입고 계시는군요.
탁자 위에 포도 두어 송이를 놓고 잡수세요해도
안 드시다가 우리가 다 먹고 난 뒤 나중에야
한 알 입으로 넣으시며 달구나하시는
그 모습은 예전과 다름없는데
딸도 아들도 손자도 전혀 몰라보시는군요.
당신이 키운 외손자조차 못 알아보시는군요.
단 한두 마디 '어째 왔어? 해지기 전에 빨리 가야지'
도대체 아는지 모르는지 종잡을 수가 없습니다.
그래도 이순간이 마지막 같아 카메라에 담았습니다.

미국에 있는 외손녀의 부탁입니다.
이메일로 외할머니의 근황을 보낼 겁니다.
아직은 화장실을 스스로 오가고
큰 말썽 없이 지내시니 고맙습니다.

송화가 날면 오디 익는다

해맑은 아침 뜨락에 서면
그리움 품고
날리는 노오란 송화 가루
구석진 음지에 핀 수채화 한 폭

너와 만난 푸르던 솔밭공원
송화 짙은 향기에 새들이 날고
물 위엔 별들이 마냥 쏟아졌다

섶다리 밟고 등교한 책가방
방과 후 교정 뒤뜰에서
덜 익은 오디 한 움큼 따서
검푸름이 내밀던 수줍은 손길
문득 거울 속 물보라로 일렁인다

봄볕은 송화를 실어 나르는데
그날의 반쯤 여문 그 오디는
영롱한 사리로 익어간다

가을나비

나무들이 나비 떼를 떠나보냅니다
단풍나무는 붉은 나비를
은행나무는 노랑나비를
하늘 높이 날려 보냅니다

그 푸르렀던 그날을 잊은 채
어디론가 제각기
훨훨 가볍게 떠나갑니다

눈꽃 피는 계절 지나
아지랑이 피는 봄이 오면
연둣빛 눈썹 단장하고 오겠다며
갈바람 따라 떠나는 온갖 나비 떼들

가을이 와도 변치 않는 자태로
소나무 곁을 한 발짝도 뗄 수 없어
나래 펴지 못하는
가을나비 한 마리 여기 있습니다

환생還生

꽃집에서 금방 사온 청자 화분
풍란보다 먼저 나온 청개구리 한 마리
구멍이 숭숭 뚫린 소쿠리에 넣었다

앙증스러워 키워보겠다고
꽃밭 한편 명당자리 잡아
풀잎도 넣어주고 먹이도 주었다

아뿔사!
저 청개구리는 방생해야 돼

하룻밤을 지내고
우이천 풀밭에 풀어준 너

날만 궂으면
개굴개굴 울음소리
귓전을 두드리는 그 사연이 궁금해

수세식 변기에 무릎을 꿇어도
물을 내리지 못하는 것은

금禁 줄 두른 선비화禪扉花

소백산 기슭 부석사 절마당
오색 낙엽이 나뒹굴며 탱화를 그리네
무량수전 참배 후, 배흘림기둥 안아보네

바짓단에 끌려 산죽 오솔길을 오르면
조사당 문 앞, 반쪽 그늘진 곳에
내 키 만한 골담초 한 그루 얼굴 내미네

의상 대사를 사랑한 선묘의 혼인가
부석 존자의 꽂아놓은 지팡이에
함초롬히 금빛 꽃을 피웠다네

숱한 몸살을 거듭거듭 앓은 건
불임不姙 보살에게 함이 없는 보시로
이젠 꽃조차 피우지 못한다네

무량 세월 스스로 족쇄를 차고

온몸에 금禁 줄을 두른 채

해쓱해진 11월의 해를 기웃거리네

매자나무

꽃단장하고 가시는 왜 돋았니
땅속 깊이 숨겨두었던
피멍울이 있었니
매자야! 야아
울타리 치지 말아라
꽃보다 열매가 예뻐서 그러니
찔러도 안 아프다 찌르지 말아라
손대지 않을게

먼 훗날까지
열려라, 매달려라, 매달리다가
앙증맞은 열일곱 살 가시내야
너를 애타게 부르다가
목젖이 늘어지고 구창이 생기면
설한풍 불어와도 부리나케 달려와
빠알간 앵두 같은 볼과 볼 사이
한 달포쯤 부벼주면 낫겠다

빈자의 꽃등

석림사 울타리에 능소화 피었다
어둔 가슴 깊숙이 감겨온 넝쿨손
환해진 조롱박이속 빈자의 꽃등이다

주홍색 길을 걷고 싶다

망상초 버리지 못해
여기까지 걸어왔다
흐려진 시야가 선명하다

저학년 학예회 할 적에
사랑을 위해 자명고를 찢은 공주 역할
학창시절 예술제 때
신라의 왕자를 짝사랑한 낙랑공주 역할
그 비단날개를 달아봤을 뿐이다

어젯밤 꿈속에서도
'마의 태자' 대본연습을 하였다

오래된 사진첩을 꺼내놓고
묵은 우정을 갖고 나오는 얼굴들
화려한 방향을 가리키는 나침반이다

승僧도 속俗도 아닌 지금 나는
무엇 때문에 머물고 있는가!

담 밑에 즐비하게 서있는 토란잎들아
서둘러 내 비옷을 마름질해다오
주룩주룩 장대 같은 너 맞으며
주홍색 길을 끝없이 걷고 싶다.

청평사의 회전문廻轉門

누구든 짝사랑의 대상이 되었다면
오봉산 청평사에 들러보세요
일주문은 보이지 않고
잣나무 두 그루 팔 벌리고 반겨요

평양공주를 짝사랑한 사내가
상사병 들어 세상 뜬 뒤
공주의 마음을 옭아매고 다녔다죠

청평사 가는 길목 구성폭포 아래
상사뱀을 떼어놓고 온 공주는
밤낮없이 기도정진 하였다죠

기다리다 지친 상사뱀
공주 찾으러 절 마당을 오르다
갑자기 내린 뇌성폭우로 떠내려갔다죠

어느 날 계곡에 내려선 공주
상사뱀은 사라지고 뱀허물만이
바위에 축 늘어져 있었다죠

누구든 남에게 상처 주었다면
오봉산자락 청평사에 가보세요
산문은 없어도 회전문이
윤회를 가르치며 돌아가라 등 떠밀죠

특수학교의 선남선녀

꽃샘바람 불어대는 햇볕 좋은 날
앵두나무 꽃망울 앙증맞게 피고 있다
만물은 완연한 게 하나도 없다는데
자신의 분신 찾으려는 아이들의 배움터
교장, 교감 선생님을 비롯한 각 부서 선생님들
부드러운 윤, 박, 송 여러 보조 선생님들
진정 눈시울 붉도록 존경스럽다
행정실의 이 실장님, 박, 김, 박 선생님들
아이들 건강에 신경 쓰시는 영양사 장 선생님
급식에 온몸으로 애쓰시는 박, 서, 민, 홍 선생님들
보일러실 이 선생님, 목공실에 홍, 오, 홍, 허 선생님들
주로 온실에서 꽃을 가꾸시는 한 선생님
아이들 등하굣길 손발이 돼주시는 고, 김, 조, 조 선생님들
도우미 이 보현행 보살님, 양 선명 천사님, 주 로사 천사님
최 사비나 천사님, 맹 문수행 보살님 모든 분들은
일찌감치 자아를 찾아 열심히 봉사를 하신다
교정 앞뜰엔 노란민들레, 보라제비꽃이 낮게 몸 다퉈 피고

여린 쑥이 하루가 다르게 쑥쑥 자라고 있다
온실 앞에선 아이들이 고사리 손으로
봄꽃을 화분에 심고 제각기 이름표를 달아준다
그 이름표마다 아이들의 얼굴이 새겨지고
환한 햇살로 올망졸망 피어난다

■ 해설

친숙하고, 깊고, 새로운 불교적 상상력

이지엽(시인 · 경기대 교수)

1. 불교적 상상력

한국 시가에 있어서 종교적 상상력은 결코 무시할 수 없을 만큼의 큰 의미를 가지고 있다. 그 중 불교적 상상력은 가장 오래된 전통을 가지고 있으며, 폭넓고 친숙하게 우리 민족과 함께 해왔다고 할 수 있다. 종교 이상의 힘을 가지고 우리 생활의 근저를 감싸고 있는 아우라라고 해도 과언이 아니다. 여행 중에 어느 산사山寺를 들르는 것에 대해 이상하게 생각하는 사람이 없는 것을 봐도 이점은 쉽게 수긍이 간다. 꼭 불교 신자가 아니어도 우리는 경내를 들러보고 그 문화에 대해 살피고 생각하는 얘기할 수 있는 자연스러움을 가지고 있다. 그만큼 불교는 우리 민족에게는 친숙하게 자리잡고 있는 기층문화라고 볼 수 있다. 이렇게 폭넓은 기층문화로서의 불교를 생각하자면 문학작품에서도 그렇게 다양하게 나타날 수 있으리란 짐작이 가능하지만, 정작 불교 문학은 그렇게 활발하게 전개되고 있다고는 볼 수 없다. 연원적으로 보자면 불교는 주도적 장르의 위치를 확고히 했던 신라의 향가를 거쳐 고려시대에 찬란히 꽃 피웠다고 볼 수 있고 점차적으로 그 위상은 위축되어 왔다고 볼 수 있다. 근대문학에 일찍이 만해와 같은 출중한 시인이 있어 대중적이면서도 크게 사랑을 받은 것을 제외하면 오히려 이상스러울 정도로 위축되어가고 있는 것을 어렵지 않게 살필 수 있다. 무슨 이유로 소재적으로는 많이 등장하고 보편화 되어 있는데 전문적인 작품은 창작되고 있지 않을까. 물론 전혀 없는 것은 아니다. 현대에 들어 무산霧山 조오현의 『절간 이야기』 『비슬산 가는 길』 등의 시집은 이 분야의 대표적인 반열에 드는 훌륭한 성과라고 볼 수 있다. 그렇지만 필자는 만해나 무산이 스님이라는 신분을 가지고 있기 때문에 정작 일반인들에게 불교문학이 그저 마음의 위안을 삼는 정도로 만족해야하는 상황으로 전락하고 있지는 않은 것인지 의심해오던 차였다.

그런데 여기 이아영의 시집 원고를 받아들고 나는 솔직히 놀라지 않을 수 없었다. 하나는 일반 신도로서 불교적 상상력을 시를 통해 구체적이고 명징하게 다양한 의미를 담고 있었기 때문이었고, 다른 하나는 담고 있는 내용의 깊이가 결코 만만치 않다는 점에서였다.

> 미륵보전 앞 층층대 밑에
> 돌거북, 선정禪定에 든 것 보았습니까?

찰나가 물처럼 흐르다 정지했습니다
산까치 한 마리 거북등에 앉아
한 소식 했는지
꼼짝 않고 나를 응시하고 있습니다
56억 7천만 년 뒤에 온다는 미륵불
용화세계龍華世界가 여기 있습니다.
난 그만, 계단을 한 발도 오르지 못한 채
산까치에게 꾸벅 절을 올렸습니다
순간, 골 깊은 서원誓願은 어디론가 사라지고
푸드득 산까치 숲으로 날아갔습니다
돌거북 입에서 조르륵 흐르는 감로수
조롱박이 촉촉히 젖어옵니다 내 부리를
귀먹고 눈멀어 날지 못하는 조그만 무소새無巢鳥
둥지 없는 허공에다 빗장 하나 걸어두고
앉은뱅이걸음으로
돌거북 주위를 한 바퀴 돌고 있습니다

—「일원상一圓相」 전문

이 시에서 시적 화자는 "미륵보전 앞 층층대 밑"의 "돌거북"이 선정禪定에 든 것을 보았냐고 묻고 있다. "선정禪定"이라는 추상적인 관념이 구체적인 "돌거북"으로 비유되고 있는 것이다. 이 사유는 곧 이 거북 등에 앉은 "산까치 한 마리"로 전이되고, 시적화자는 "그만, 계단을 한 발도 오르지 못한 채 산까치에게 꾸벅 절을 올"리게 되는 지경에 이르고 만다. 밋밋하던 시에 화르륵 윤기가 돈다. 일순간 시적 긴장이 느껴진다. 제

목은 "일원상一圓相"이다. 일원상은 무엇인가. 일원상一圓相은 통상 만다라曼荼羅에서 부처, 보살菩薩의 상像을 둘러싸고 있는 원륜圓輪을 지칭하거나 우주 만유의 본원 또는 막힘이 없는 법을 상징한다고 볼 수 있다. 선종에서는 1천 7백 화두 중 하나로, 시작도 없고 끝도 없는 일원一圓의 근본을 추구하는 화두로 통한다. 선방禪房에서는 흔히 벽에 이 상을 그려놓고 참선을 하는데, 이는 언어가 끊어진 선정에 들기 위해서이다.

시적 화자는 이 선정을 어떻게 "돌거북"에서 느끼게 되었을까. 이 돌거북은 불가의 전유물만은 아니다. 우리의 민속신앙과도 밀접한 관련을 맺는데, 고대가요 구지가龜旨歌에서 보듯, 출산제의出産祭儀와 장수를 염원하는 뜻을 담기도 한다. 경북 상주 연봉리에 있는 돌거북은 마을의 수호신으로 역할을 하기도 한다. 17세기부터 유래해 신격화되었는데 "돌거북에 신령한 기운이 있는 것으로 믿는 주민들은 이곳을 지날 때면 숨소리조차 내지 않을 정도로 조심한다"며 "의료 환경이 형편없었던 일제 시대 때는 몹쓸 병에 걸린 환자와 아이를 낳지 못하는 부인네들의 기도 행렬이 이어졌다"고 한다.

그러한 돌거북이니 선정禪定에 들 법도 하다. 그런데 시인의 눈은 정작 그 돌거북에 정작 초점을 맞추지 않고 거북등에 앉은 "산까치 한 마리"로 시선을 모은다. 여기에 시인의 남다른 안목이 존재하고 있음을 본다. 본래 움직이지 못하는 무상의 것(거북) 보다는 움직일 수 있는 것의 무념(산까치)에 의미를 두고 있는 것이다. 전자가 작위적인 느낌이 든다면 후자는 훨씬 자연스러운 것이 된다. 그래서 자신도 모르게 산까치에 경의를 표하는데 "골 깊은 서원誓願"과는 상관없이 무심하게도 산까치는 날아가 버리고 만다. 시적 화자의 시선은 다시 돌거북으로 건너온다. "입에서 조르륵 흐르는 감로수"에 그 망연함을 씻어내보지만 "산까치"와는 다르게 시적화자의 마음을 지배하는 "귀먹고 눈멀어 날지 못하는 조그만 무소새無巢鳥"만이 그 자리를 맴돌고 있다는 얘기다.

생각해보면 시적 화자만이 아니라 우리 모두는 "무소새無巢鳥"를 거느리고 살아가는 존재들이다. "돌거북"이나 "산까치 한 마리"가 보여주는 "일원상一圓相"은 과연 어디에 있는 것일까. 혜능慧能이 제자들에게 '여기 한 물건이 있는데 본래부터 한없이 밝고 신령하여 난 것도 아니고 죽음도 없었다. 이름 지을 길이 없고 모양을 그릴 수도 없다. 이 한 물건이 무엇인고?' (휴정, 『선가귀감』) 라고 묻는 내용처럼 이름도 없고 모양도 없는 것일까. 그러나 많은 구도자들이 그러했듯 우리 모두의 생은 그것을 찾아나가는 과정이 아닐까.

옥상 추녀 쪽으로
나뭇가지 하나가 늘어져있다
누가 먼저 시비를 걸었는지
고양이 한 마리를 가운데 두고
까치 한 쌍이 괴음을 지른다
이 가지 저 가지를 날아오르며
야단법석이 벌어졌다

가지 끝에 매달린 붉은 홍시 하나는
까치밥도 아니고 고양이밥도 아니다
까악까악 까르륵 사나운 소리에
옴짝달싹 못하고 침묵하는 고양이
촉수를 감추고 삼매에 들었다

이때 만일 남전 선사가 있었더라면
저 감나무 목이 달아났을 것이다

욕망을 벗은 하얀 옷들이
바람에 펄럭이며 니르바나로 가듯이
까치 두 마리 둥지 찾아 날아가고
내 머리 위엔 경판 한 장, 홍시처럼 얹혀있다

—「경판 한 장 머리에 이다」 전문

이 작품에서도 순간적으로 일어난 사소한 일이 생의 철학적 사유로 번져가고 있다. 시 전체의 긴장을 이끌어가는 것은 "고양이 한 마리를 가운데 두고/까치 한 쌍이 괴음을 지"르는 것에 있다. 고양이에게 까치 한 쌍의 괴음이 정말 무서운 것은 아닐 것이다. 그렇지만 그 소란스러움에 고양이는 "옴짝달싹 못하고 침묵"할 수밖에 없다. 그 모습을 시인은 "촉수를 감추고 삼매에 들었다"고 한다. 이것은 마치 「일원상一圓相」에서 거북등에 앉아 한 소식 한 "산까치 한 마리"를 연상케 한다. 아니 "둥지 없는 허공에다 빗장 하나 걸어두고/앉은뱅이걸음으로/돌거북 주위를" 돌고 있는 시적 화자를 얘기하고 있는지도 모른다. 그러나 까치가 요란을 떠는 것이나, 고양이가 옴짝달싹 못하게 된 것의 단초는 정작 감나무의 홍시 탓이다. 이 시의 백미는 이 홍시를 슬그머니 시적 화자 머리 위의 "경판 한 장"으로 가져온 데 있다. 결국 모든 허물은 자신이 뒤집어쓰겠다는 것이다. 그러나 진정한 승자가 누구인지 독자들은 잘 알고 있다. 세상에는 여러 부류의 사람들이 있다. 무책임한 까치나 시치미를 떼는 고양이가 같은 사람들보다는 모든 잘못을 자신 탓으로 생각하고 성찰하는 홍시 같은 사람들이 있어 세상은 살맛나는 것이 아니겠는가.

수천 년의 풍화작용으로 생긴 동글동글한 몸 돌확 밑바닥에 공이 부딪치는 소리 멎은 지 까마득하다

조붓한 골목길 들어서면 오래된 집 한 채가 있다 자식들은 대처로 나가 살고 할머니 홀로 감꽃 떨어진 뜨락에서 줄무늬 고양이와 외롭지 않게 아롱아롱 지낸다. 올여름 텃밭에는 열무 상치 아욱들이 까르르 재잘대며 키 재기를 한다. 전화벨소리에 고양이가 먼저 수화기 줄을 끌어당긴다. 화투에는 도통 취미가 없는 할머닌 아까부터 주섬주섬 바쁘다

서쪽으로 해 그림자 따라 서래암 가는 길은 멀지 않다 산문을 들어서면 배 불룩하게 내밀고 큰 자루 멘 포대화상이 할머니의 첫 참배 대상이다 움푹 들어간 배꼽에 양쪽 엄지손가락을 넣고 두 손바닥으로 좌우를 쓰다듬는다. 무엇을 바라고 비는 것인지 알아듣지 못하는 주문을 중얼거린다.

오늘 그녀, 돌확 속에 잠긴 지구본을 건져 올린다. 미동도 하지
않고 세상 밖으로 나온 수석壽石 하나

—「돌확 속의 지구본」 전문

시집의 표제작이기도한 이 작품의 소재는 '돌확'이다. 4연으로 된 이 작품은 액자식 구성을 취하고 있는데, 액자 밖은 오래된 돌확(1연)과 깨어나는 돌확(4연)의 부분을 얘기하고 있고, 액자 안은 돌확과 관련된 사연(2연과 3연)을 그리고 있다. 사연의 요지는 자식들 모두를 도시로 내보내고 고양이 한 마리와 외롭게 살아가는 할머니의 얘기다. 그 할머니의 일상 가운데 절을 찾아 비는 것은 지극히 자연스런 일부분이다. 할머니의 기원은 도시로 나가 있는 자식들의 무탈일 것이라는 것은 명약관화하다. 풍경도 밋밋하고 내용도 낯익은 것이어서 새로운 감흥을 찾기 힘들다. 그러나 이 작품의 "할머니"는 일개인의 할머니가 아니며, 우리들의 '할머니'이다. 그 할머니가 살아가는 삶은 보편적인 것이며, 그래서 "지구본"이 된다. 공이가 죽어 있는 존재가 아니라 살아 있는 "수석壽石 "으로 바뀌는 이유는 이러한 점에서 타당성을 갖게 된다.

2. 높고 새로운 서정의 격조

불교적 상상력을 통하여 시적 소재를 형상화시키더라도 시인은 여기서 만족하지 않고 더 직조된 치밀한 묘사력을 보여준

다. 감수성에 맹목적으로 의존하지 않고, 감수성을 활용하여 새로운 세계를 지향하려 노력한다.

다음 「간판들의 멋」이란 작품을 살펴보자.

'시집 못간 암탉'집에 가보아라
앞마당에 나이 먹은 한 그루 산벚나무
총총들이 매달린 터질 듯한 버찌들
검은 스커트에 하얀 깃 세운 매무새
발그레한 그 입술 그리움이 번져온다

'죽여주는 칼국수'집에 가보아라
빈대떡도 막걸리도
맛이란 맛은 다 죽여주고
운길산 산신령이 국숫발에 붓 세워
명사들의 사인 판에 한 획을 긋는다

'느티나무 갈비'집에 가보아라
턱 하니, 평화리 가부좌 튼 부처같이
방 한가운데 땅속에다 깊이 뿌리 뻗고
세상 인간들 축생화畜生化 되는 것을
허구한 날 화두 들고 명상에 잠겨있다

—「간판들의 멋」 전문

음식점의 특성을 생활의 일부분과 연결시키는 솜씨가 발랄하면서도 새롭다. 그 안에 사회를 빗대는 아이러니가 있다. '느티나무 갈비'집은 아마 고급 고기집인 듯싶다. 음식으로 거들

먹거리는 인간들의 군상을 "세상 인간들 축생화畜生化 되는 것"으로 날카롭게 잡아낸다. 그러나 시인은 이를 문제 삼아 크게 떠들지는 않는다. 오히려 자중자애하며 스스로에게 타이르듯 부드럽게 넘어간다. "허구한 날 화두 들고 명상에 잠겨있다"란 표현은 이를 염두에 둔 발언이다. 버드나무를 "평화리 가부좌 튼 부처"를 비유한 것도 아마 같은 이유에서였을 것이다.

> 한 해의 가을 끝자락
> 하루 중 오후 6시
>
> 부석사에서 내려오는 길섶
> 사과 과수원
> 알알이 붉게 탱글탱글 여문다
>
> 가로수 은행잎 금실엽서는
> 지상의 살아있는 모든 것들에 닿는다
>
> 산 그림자 어둠 속에 엎드리는 시간
> 눈꼬리 주름마다 찾아드는
> 저 타오르는 붉은 물결
>
> 배경 따라 달라지는 부처의 미소
> 내 목울대의
> 삼도천三途川이 지워지는 화엄의 엽서
>
> —「가을 엽서」 전문

부석사 밑의 사과나무 밭을 그린 작품이다. 필자도 한두 번 실제 경험을 한 풍경이어서 훨씬 공감이 갔다. 많은 시인이 이 풍경을 노래했지만 이아영 시인은 자신만의 눈으로 이를 형상화시킨다. "지상의 살아있는 모든 것들에 닿는다"는 진술적 표현도 살아있지만 해가 뉘엿뉘엿 넘어가는 어스름의 사과밭을 "눈꼬리 주름마다 찾아드는/ 저 타오르는 붉은 물결"이라고 표현할 수 있는 시인은 흔치 않다고 생각된다. 새로움을 그려내면서도 서정의 격조를 유지하고 있다. 이 격조는 마지막 연에서는 불교적 상상력으로 이어진다. "배경 따라 달라지는 부처의 미소"라든지 "내 목울대의/ 삼도천三途川이 지워지는 화엄의 엽서"라는 다소 관념적인 표현이 적절하게 살아나는 것도 높은 서정의 격조에서 연유하고 있는 것이다.

> 구멍 없는 피리에서 소리가 난다
> 벽을 뚫고 수평으로 앉아 바다를 본다
> 푸른 바다는 붉은 파도소리를 낸다
> 파도 타고 밀려오는 봄의 전령사
> 동백꽃 피고 지고 설중매 눈뜨는
> 소리 못 내는 구멍마다
> 한 송이 두 송이 꽃들이 핀다
>
> ―「무공적無孔笛」 전문

"구멍 없는 피리"에서 소리가 나다니! 시적 상상력의 새로움은 전혀 불가능한 사실도 가능하게 한다. 벽을 뚫는 것은 실제가 아니라 마음으로서 일 것이다. 3행에서의 푸름과 붉음의 색채 대비는 우리 살아가는 삶의 양면이 안고 있는 역설적인 면을 얘기하고자 하는 의도일 것이다. 자신의 의도와는 다르게 몸짓해야하는 우리 현대인들은 늘 선명한 아픔을 안고 살아가야한다. 그것을 그리고 극복해야만 한다. 시인이 기어이 소리를 부르지 못하는 구멍마다 꽃을 피워내듯이.

시인의 시적 대상에 대한 해석과 표현에 있어 새로움을 담아내고자하는 노력은 많은 작품에서 이어지고 있다. 한 잔의 거품에서도 시인은 "파라솔과 물고기, 꽃병, 조개, 연꽃과 법륜"을 상상해낸다.(「한 잔의 거품」) 한 잔의 차를 마시면서도 문득 초의 선사를 만나기도 하고, "끽다거喫茶去 한 마디 활구活句에/산 아래 두물머리강에 빠진 종소리가/광속보다 빠르게 종각 안으로 들어"가는 것을 보기도 하며, 사뿐히 걸어와 차 한 잔 나누자는 달개비꽃을 어렵지 않게 그려내기도 한다.(「수종사에서」)

시인의 불교적 상상력의 실제 실행은 그러면 어떻게 구현되고 있을까. 단정적으로 얘기하기는 힘들지만 그 중 가장 큰 줄기는 낮은 곳으로의 귀의歸依라고 볼 수 있다. 시인의 시선은 「일원상一圓相」에도 볼 수 있듯 "조롱박이 촉촉히 젖어"오는 곳에 머무른다. 딱딱하고 건조한 것을 지향하지 않는다. 그래서 따뜻하다.

칠순 노부부의 임시 재산 목록

서너 평 남짓한 방
1인용 침대 하나
긴 의자 하나
조촐한 식탁 하나

8남매를 낳아 길러 짝지어놓고
그럭저럭 살만들 하다는데요
요양원을 어떻게 왔는지
왜 여기서 살고 있는지
도대체 모른다고 하네요

도시 재개발로 살던 집은 허물어지고
논밭은 자식들이 처분했다는데요
그때 할아버진 망연자실하였대요
몇 달은 뜸하던 자식들의 안부전화
1년 넘은 지금은 불통이래요

정신 멀쩡한 할머닌
열리지 않는 창문 쪽을 서성이네요
텅 빈 나뭇가지에 걸려있는 낡은 거미집
껍데기만 남은 두 마리 거미
멀거니 쳐다보고 있네요

—「영락원에 매달린 거미 두 마리」 전문

양로원에 얹혀살아가는 노부부를 "거미 두 마리"에 비유하고 있는 작품이다. 시인은 그들 노부부를 애정 어린 눈으로 바라본다. 따뜻함, 낮은 곳으로의 귀의歸依는 시인이 가지는 큰 장점이자, 큰 시를 쓸 수 있는 기저자질을 형성해 줄 것이다.

첫 시집이면서도 시인의 창작에 임하는 자세는 사뭇 진지하고 열정적이다. 짐작건대 불교적 상상력을 통한 시혼의 구현은 아마 시인의 평생 작업이 될 것이다. 시적 대상을 보다 폭넓게 확대하면서 긴장의 끈을 놓지 않는다면 한국의 선시禪詩에 의미 있는 시인으로 기억될 수 있으리란 믿음을 갖게 되었는데, 그런 이유에서인지 덥고도 바쁜 일정 가운데 시를 읽는 삼매에 푹 빠져들 수 있었다.

호정湖淨 이아영李雅英(본명 李英子)

경상북도 상주에서 출생하여 중앙대학교 예술대학원 문예창작학과를 수료하였다. 2001년 〈자유문학〉에 「오색그물」 외 4편을 발표하여 신인상으로 등단하였다. 현재 한국문인협회, 현대시인협회, 자유문학회, 열린시학회 회원이다.

열린시학 기획시선 56

돌확 속의 지구본

초판 1쇄 인쇄일 · 2010년 07월 23일
초판 1쇄 발행일 · 2010년 08월 03일

지은이 | 이아영
펴낸이 | 노정자 · 정일근
펴낸곳 | 도서출판 고요아침
편　집 | 김남규

출판 등록 2002년 8월 1일 제 1-3094호
120-814 서울시 서대문구 북가좌동 328-2 동화빌라 102호
전화 | 302-3194~5
팩스 | 302-3198
E-mail | goyoachim@hanmail.net
홈페이지 | www.dabook.net

ISBN 978-89-6039-320-2(04810)

*책 가격은 뒤표지에 표시되어 있습니다.
*지은이와 협의에 의해 인지는 생략합니다.
*잘못된 책은 교환해 드립니다.